MARISCAL

Antoni Bosch editor

Antoni Bosch editor, S.A.U.
Manacor, 3, 08023, Barcelona
Tel. (+34) 932 060 730
info@antonibosch.com
www.antonibosch.com

ISBN: 978-84-124076-7-9
Depósito legal: B 5063-2022

Diseño de cubierta: Javier Mariscal
Maquetación: JesMart
Impresión: Prodigitalk

Índex

Pròleg

Llàtzer Moix

L'estiu del 1975 –aviat farà mig segle– Javier Mariscal es va instal·lar a Can Americano, una casa de camp eivissenca, perduda entre turons, des d'on s'albirava el mar de Cala Llonga. L'acompanyaven, entre d'altres, els germans Farriol i Montesol, col·legues del grup de dibuixants que dos anys abans havien publicat *El Rrollo Enmascarado*, considerat el primer tebeo de l'*underground* espanyol. Tots ells havien sortit a correcuita de Barcelona, després que la policia s'interessés per *La piraña divina*, el tebeo de Nazario, que havien contribuït a distribuir i que posteriorment fou segrestrat. El propòsit d'aquell exili insular era prendre distància dels problemes o les paranoies, assaborir les delícies de la vida hippy en comuna... i dibuixar.

La transformació de Can Americano, molts anys abandonada, en quelcom semblant a una llar, tot i que no gaire convencional, va tenir ocupats Mariscal i els seus amics durant setmanes i mesos. El contacte amb la natura, ja fossin les passejades entre savines i oliveres o l'embadaliment nocturn mirant els cels plens d'estels, també s'enduia el seu temps. Però cada dia, a s'hora baixa, els habitants d'aquella casa baixaven cap al «búnker», una estança situada en un nivell inferior, i, a la llum de làmpades de butà i de petroli, dibuixaven.

Les dues principals obres produïdes per Mariscal en la seva etapa eivissenca, que es va allargar cosa d'un any, foren *Nos vemos esta noche, nenas*, una historieta que es publicaria dins l'àlbum *Nasti de plasti*, i la col·lecció de dibuixos que va donar origen a l'*ABCdari il·lustrat*, ara reeditat. Aquests darrers dibuixos no van ser fets amb un propòsit editorial a mig o llarg termini, sinó amb un doble afany immediat: per una banda, practicar, per tal de guanyar confiança i traça com a dibuixant; per l'altra, ensenyar a llegir una mica la Yasmin, la filla d'una parella d'amics, penjada ella, absent ell, que no tenien gaire cura de l'educació de la nena.

Si *Nos vemos*... era una celebració vital, un recorregut dels Garriris –Fermín i Piker– per la costa una nit de festa, al volant d'un Chevrolet Impala i ben acompanyats, l'*ABCdari*... reunia una esplèndida col·lecció de dibuixos de temàtica diversa, que conserven, passats tants anys, tota la seva frescor original. Potser perquè ja anunciaven un creador de gran talent –un diamant en brut, a l'època–, que atorgava a cadascuna de les veus triades amb capacitat de síntesi un llenguatge molt peculiar, humor, tendresa i un aire poètic.

Ara bé, res en aquell *ABCdari*... sintonitzava amb el rigor que hom espera d'un diccionari, sinònim d'ordre (alfabètic) i de precisió (conceptual). En primer lloc, perquè hi faltaven paraules que comencessin amb Q, U, Ñ o Y, quatre de les vint-i-set lletres –dígrafs exclosos– que integren l'abecedari reglamentari de la llengua castellana. En segon lloc, perquè de correcció ortogràfica, obligada en un diccionari, no n'hi havia molta –s´hi escriu «hortogràfic» amb hac, i amb això ja ho dic tot–, en aquest, escrit mig en valencià i mig en castellà, cosa potser atribuïble a la dislèxia de Mariscal, que degut precisament a aquest trastorn es va sentir des de petit més còmode en l'expressió gràfica que no pas en l'escrita. I, en tercer lloc, perquè l'humor hi ocupava una posició central, desplaçant qualsevol vel·leïtat acadèmica, per cert improbable en el seu autor.

Fullejar l'*ABCdari*... segueix produint en els nostres dies un cabal de somriures. El seu repertori temàtic és ampli, i oscil·la entre la natura –un Ametller florit, delicat, essencial– i el món dels electrodomèstics –la Ràdio, la Rentadora automàtica, la Televisión, el Turmix–, al qual Mariscal atribuïa aleshores un gran potencial emancipador. Reflecteix també les neures conjunturals de l'autor –el capítol dedicat a la G comença amb un Guàrdia civil de bigoti, tricorni i «trabuc»; i segueix amb una dotzena de dibuixos d'altres agents uniformats–. I, en paral·lel, mostra el seu vigor jovenívol i desinhibit, amb al·lusions a les Tetas, el Kulo, les Fransesas, l'Striptis –amb una narració de dues planes– o presenta la J com «la lletra porno de l'abecedari».

Algunes altres il·llustracions –sobre Bares, Observatorios astronómicos i Hogares solares (ja fa una pila d'anys que l'ecologia és present a les nostres vides)– semblen inspirats en les làmines d'accidents geogràfics que estudiàvem al batxillerat, reproduint el seu afany d'abarcar en una gran vinyeta tot un univers temàtic. D'altres són d'una simplicitat esquemàtica. D'altres apel·len a l'imaginari oriental, tan suggestiu per als hippies d'aquells anys, d'altres a un món futurista. N'hi ha d'inspirades en la publicitat o en l'actualitat periodística, com ara les al·lusions a la tornada de «l'honoraple» Tarradellas, al vol final de l'almirall Carrero Blanco, a un «apandador» de la Copel o als primers equips dedicats a les gravacions de vídeo, llavors una tasca molt apreciada per alguns hippies de retorn a la ciutat. I hi ha també en aquest *ABCdari*... il·lustracions que reflecteixen una particular habilitat per a l'abstracció espacial –«Más paquí, más pallá», «Demasiado», «Casiná»–. O d'un talent notori per fondre un element i la seva representació plàstica –Cactus, Cagalló per sèquia...–. O el to enjogassat –Pis– o poètic –Esperança, Desesperança– d'aquell jove Mariscal.

Aquest *ABCdari il·lustrat*, impulsat per Antoni Bosch i Jaume Vallcorba, que el van publicar el 1978, ha estat durant molts anys una edició exhaurida, impossible de trobar. Ara torna a les llibreries sense haver perdut gens ni mica de la llibertat i la llum mediterrània amb les quals Mariscal el va crear a Eivissa. Fou en una època il·lusionada i prometedora, però de curta durada, en la qual tot semblava possible.

Barcelona, febrer de 2022

A R B R E S

AUTOMOVILS

AMOTO

ATREVIDO

ASTA LUEGO

amarillo 

LLIMA

ANARANJA 

TORANJA

AZUL 

Amarrón 

De camisa

Aeroplano

AspiradoR

ASTRONAUTE

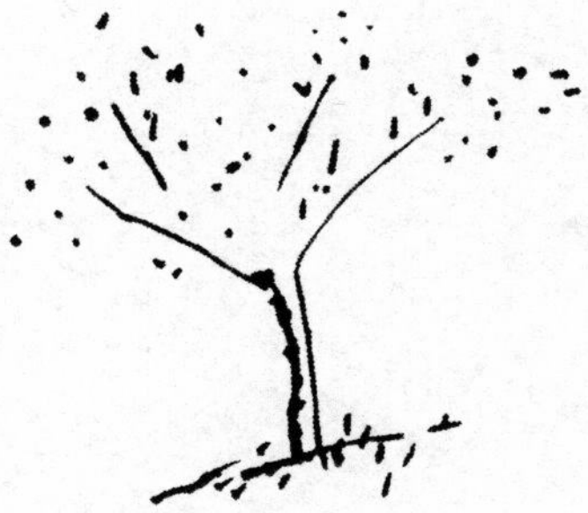

Ametller

VIANDANTE
AMORAL
Aspantada
ASERA

A DALT
ADINTRE
A BAIX

AUTO PISTE

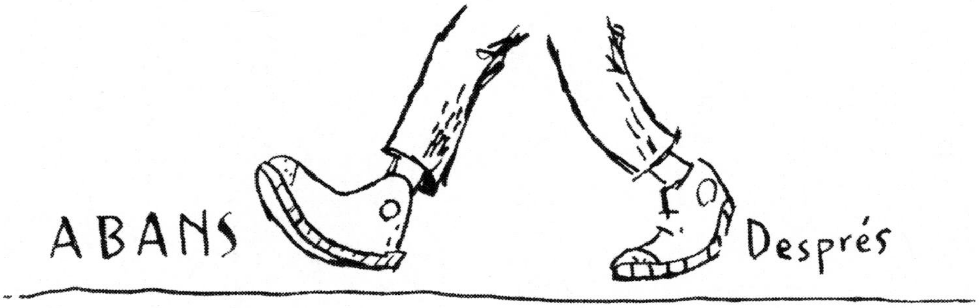

AVENTURA

Abitacle
a la costa
APARTAMENTOS
SOL
Y
MAR
VENTA

ASPIRINA
BAYER

AMA de CASA

Los APANDADORES

1991

un apandador de la COPEL

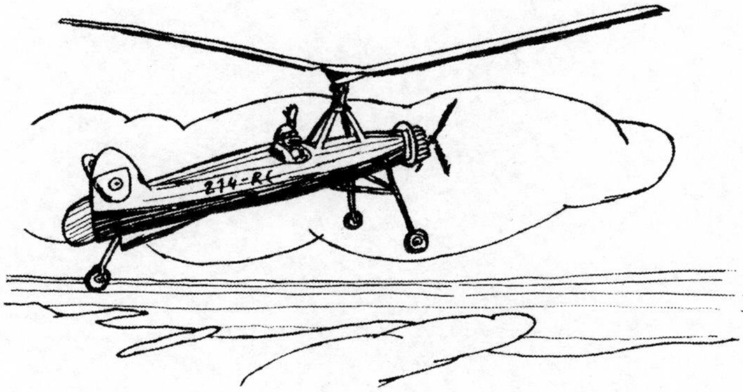

Autogiro de

RICARDO LA CIERVA

ASTRO
ASTRAL
ASTRONOM
ASTILLAS
ASTEROIDE

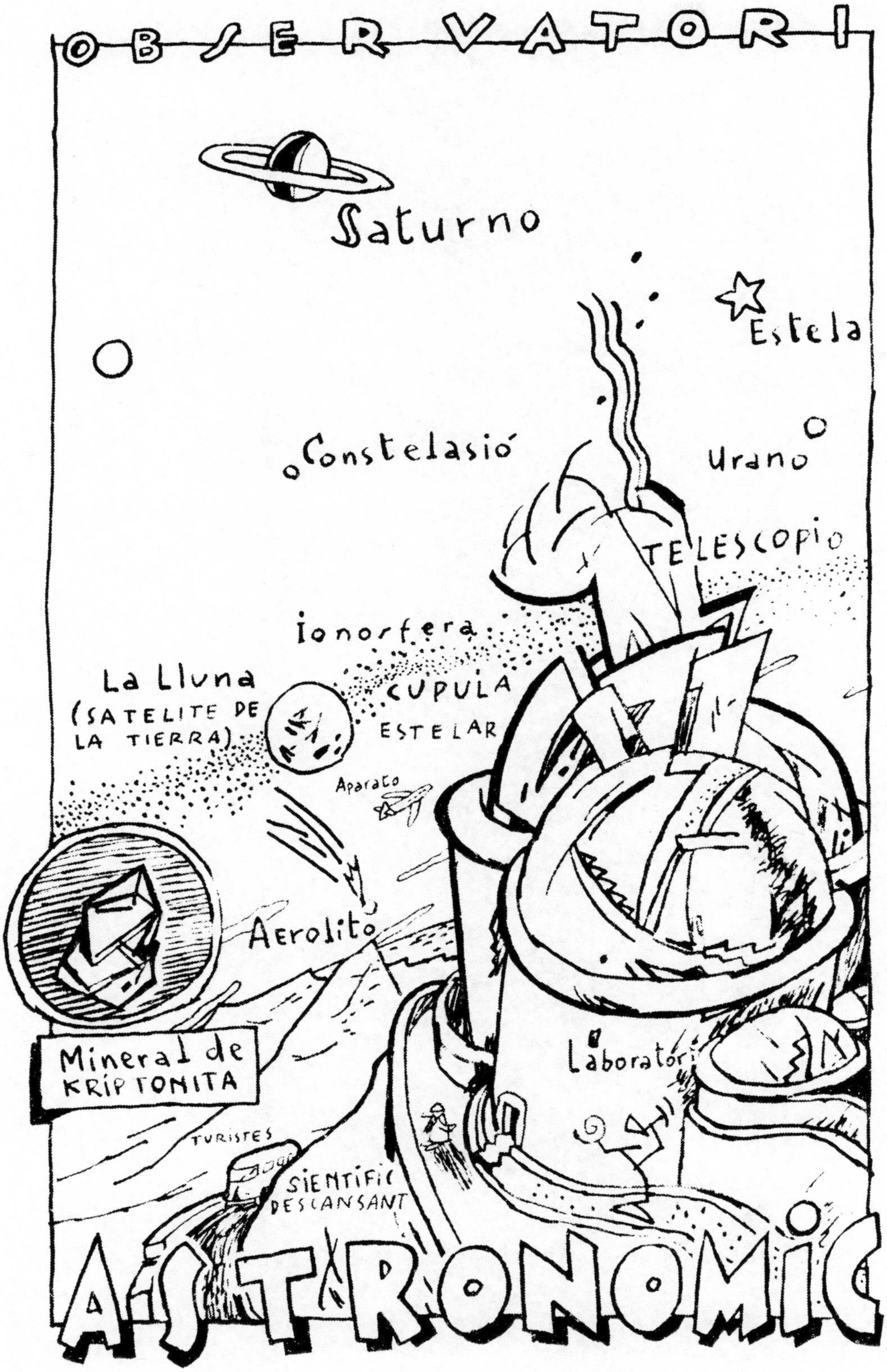
OBSERVATORI
Saturno
Estela
Constelasió
Urano
TELESCOPIO
ionorfera
La Lluna
(SATELITE DE
LA TIERRA)
CUPULA
ESTELAR
Aparato
Aerolito
Mineral de
KRIPTONITA
Laboratori
TURISTES
SIENTIFIC
DESCANSANT
ASTRONOMIC

B E S T I A

las Zebras
son amigas de los Burros

BURRISIMO

Cuartu de BANY

Butiguer

BENITATCHELI

Buzó

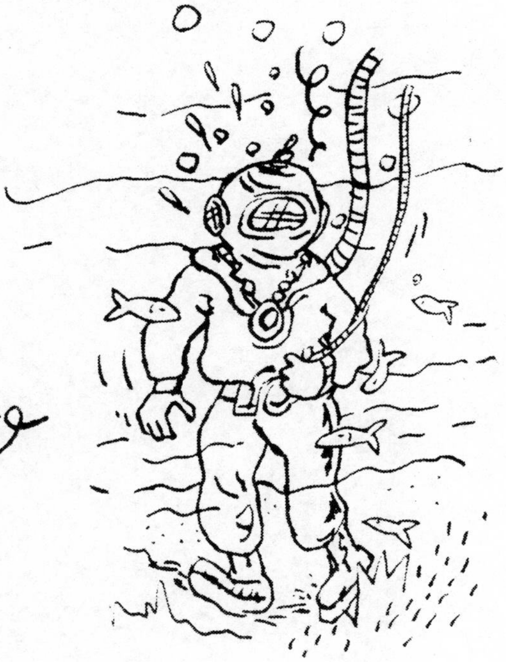

Buzo

Bacilar

A
BCDE
AAAA
AAAAAA
B
BUENA VISTA

Bar

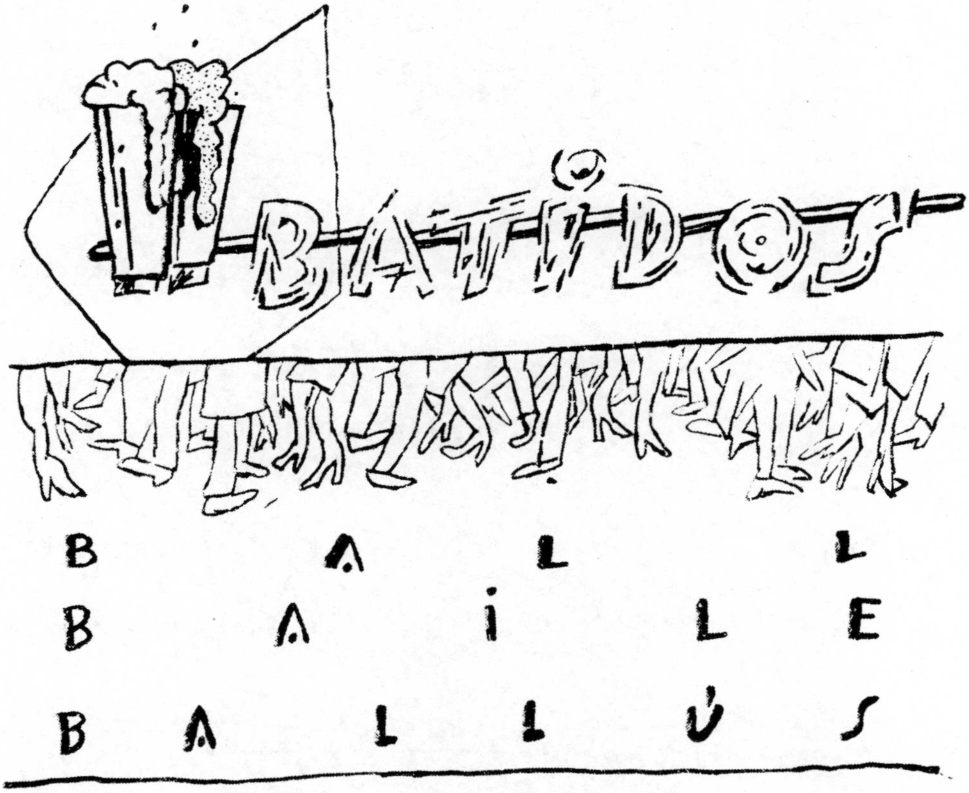
BATIDOS
B A L L
B A I L E
B A L L Ú S

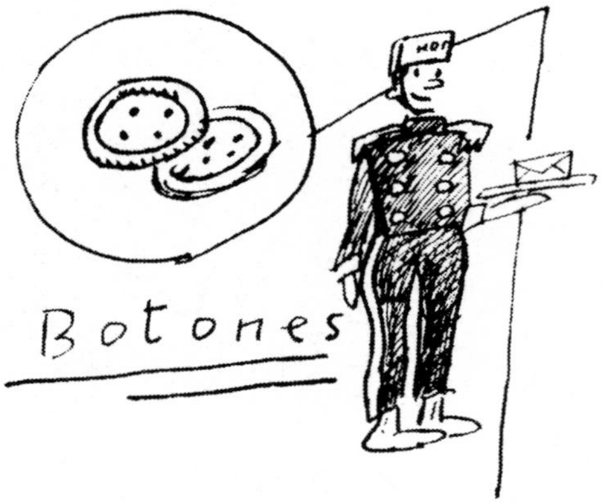

La B es una lletra
sexual i
eròtica

DEMOSTRASIÓ

CAFETERA
BATIDORA
GEL
Begudas
COKTEL
COCTELERA
COMBINADOS
FINO
ZUMO
PASTISET
BATIDOS
CAMARERO
DIGUI!
Riviera
Plato
Combinado
Bocata
Bocadillos
Entrepà
CAFÉ
Sandwich
BARRA

BARCOS
mariners
A CARBÓ:
PAQUEBOTE
TRANSANTICO
CIUTAT IBIZA
Amb oli:
PETROLER
Faro
A Bela:
SPORTIVO
Canoa del Práctico
Bogavante
Bajamar

RocaFort
Tibidavo
Benetuser
Nova-York
EL Vedat
Fabareta
Torredenbarà
Sitges
Picanya
Xivert
Salou
Benifaio
Isla de Buda
Busot
Puebla
Farnals
Piñiscola
Almacera
El Grao
Jesús Pobre
Denia
Petrixol
Xavia
El Portet
Babor
Amparito
Baixar
Deiá
Banyarse
Pollença
Islas Columbretes
S. Antonio
Tagomago
Cala Llonga
Es Vedrá
Espalmador
Formentera

Bernardo
Bonastre

BO
NY

BONMERANJ

BIENESTAR

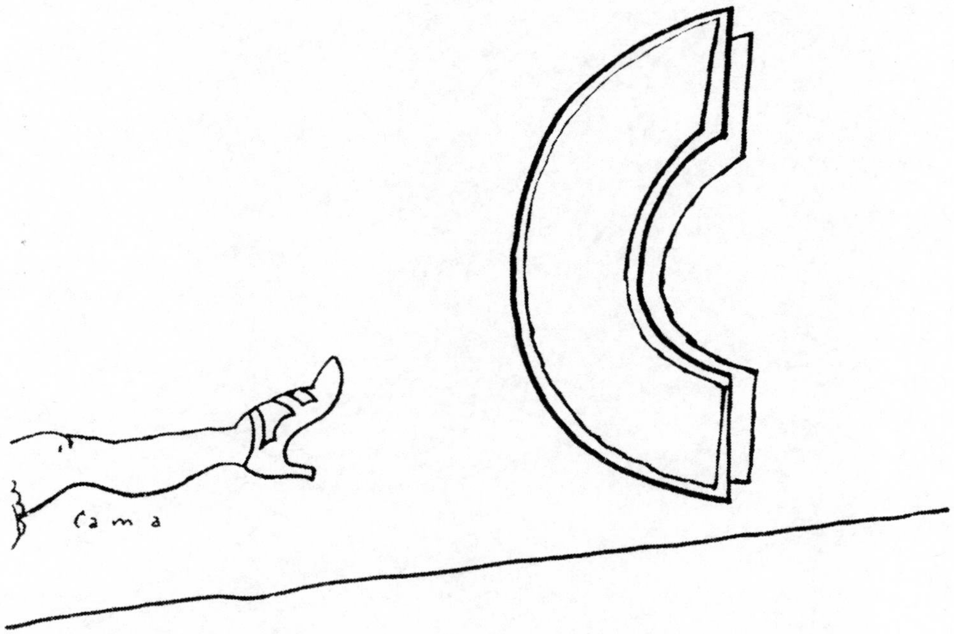
Cama

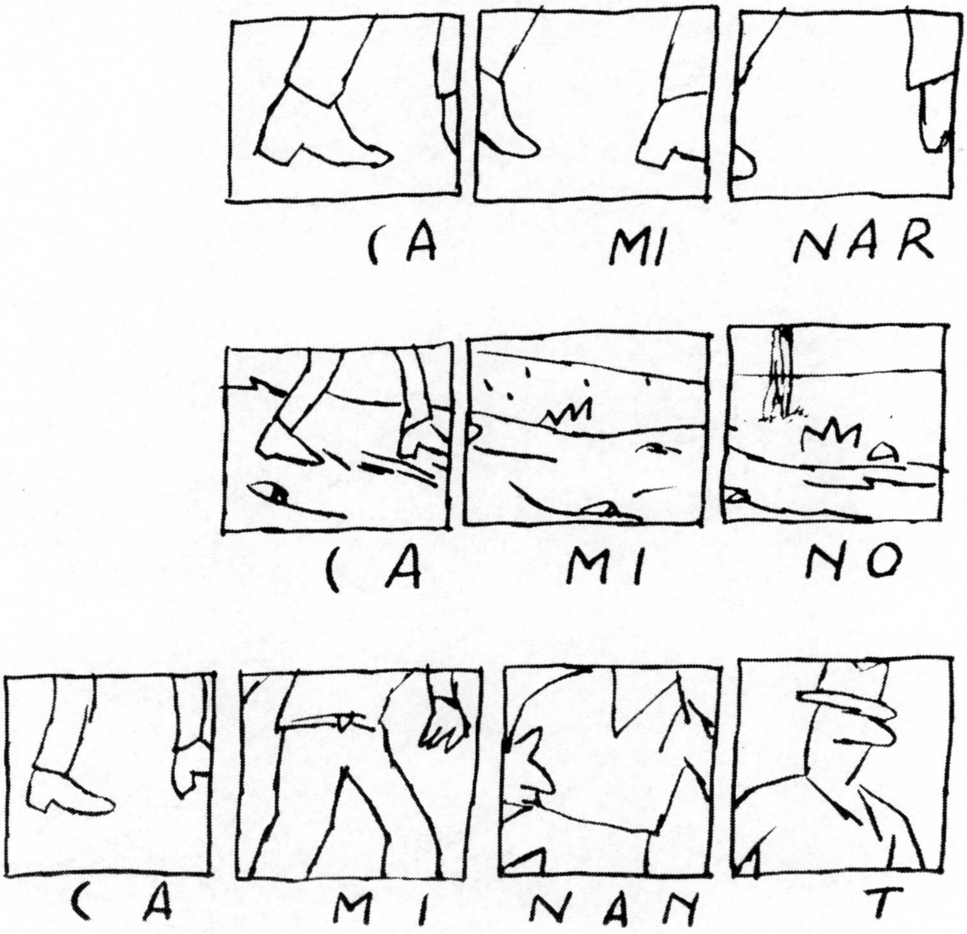
CA MI NAR
CA MI NO
CA MI NAN T

CAP

CAP
cuadriculat

mentalidad
CUADRICULADA

CAP CUADRAT

CAP
Abonat

CACTUS
Cacaolat
Cocola
COCOLISO
EL REY DE LOS CARAMELOS

Cuina

COMUNISTES

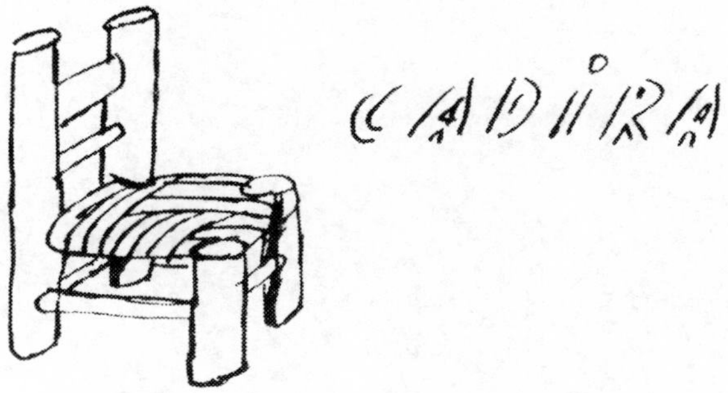
CADIRA

CAMION

CORRER

CARRETILLA 

CARRERO
BLANCO

 CASINÁ

café-café
café EXPRÉS

CAMELL

CINEMA

El
la

C O N J U N T O   M O D E R N O

C A L I F A

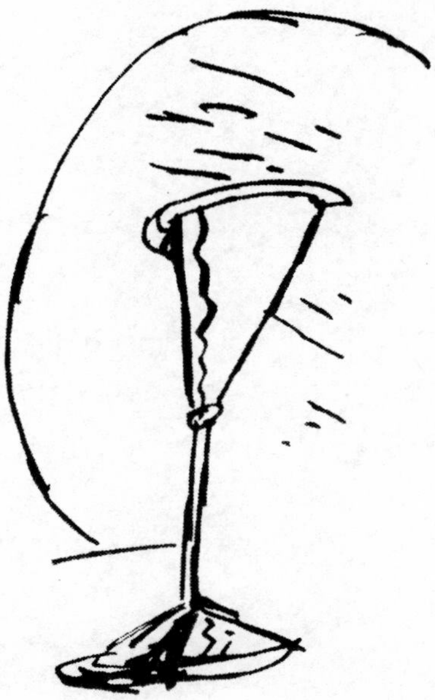

(O P A

cagallò
PER SEQUIA

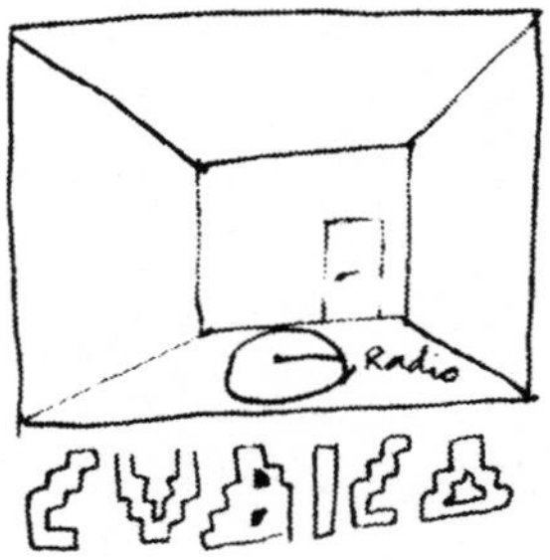
Radio
CUBICO

ciclista

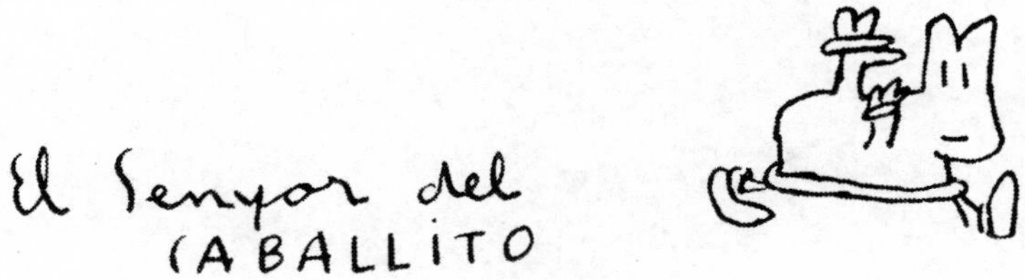
El Senyor del
CABALLITO

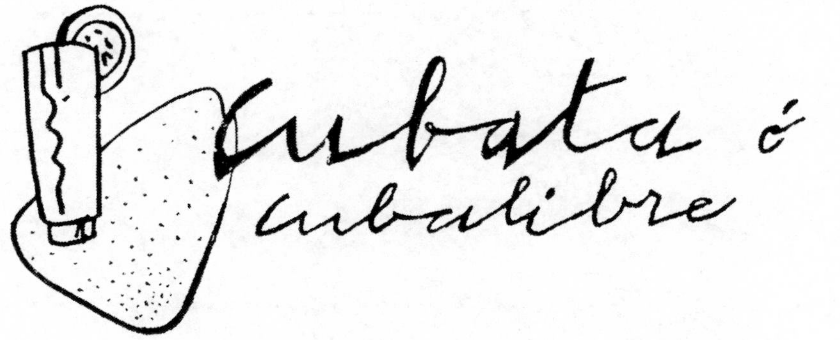
Cubata ó
cubalibre

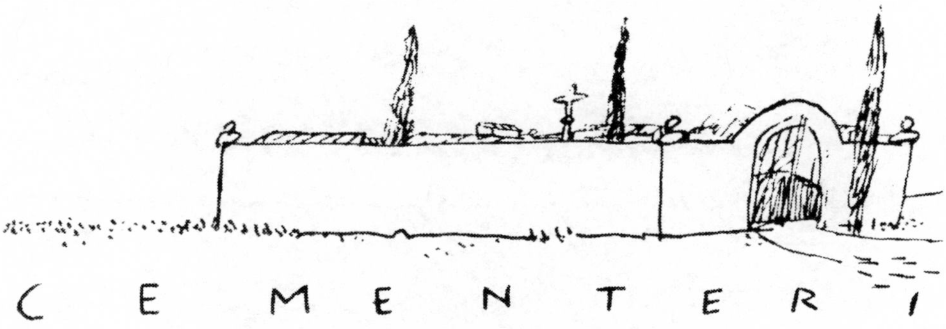
C E M E N T E R I

CARACTERS
CLAPAR
CLAPÓN
AMUERMAT
ZOMBI
Pesimista

Chalet de wek-end.

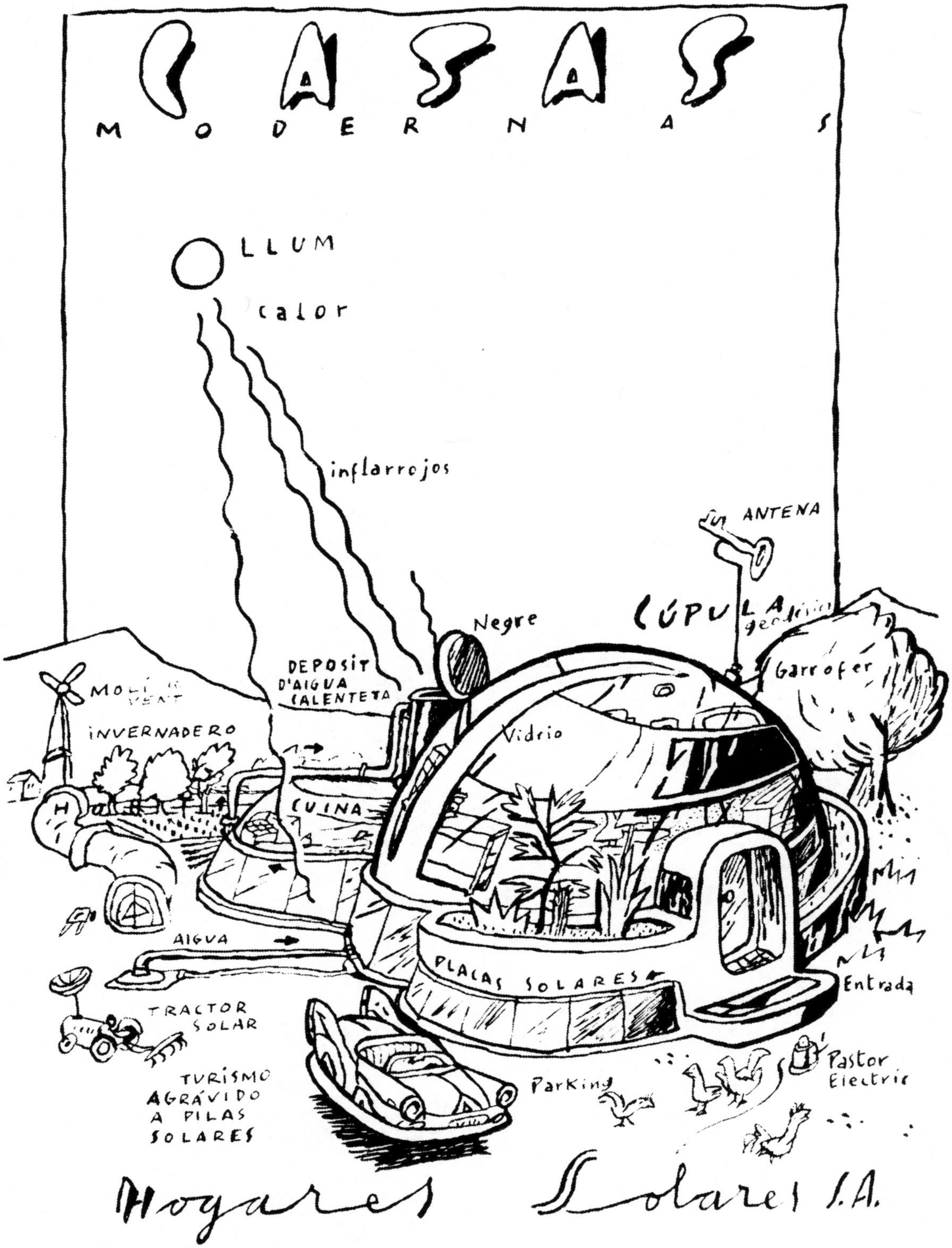
CASAS
MODERNAS
LLUM
calor
inflarrojos
ANTENA
CÚPULA
Negre
DEPOSIT
D'AIGUA
CALENTETA
Garrofer
INVERNADERO
Vidrio
CUINA
AIGUA
PLACAS SOLARES
Entrada
TRACTOR SOLAR
TURISMO AGRÁVIDO A PILAS SOLARES
Parking
Pastor Electric
Hogares Solares S.A.

El CUBO

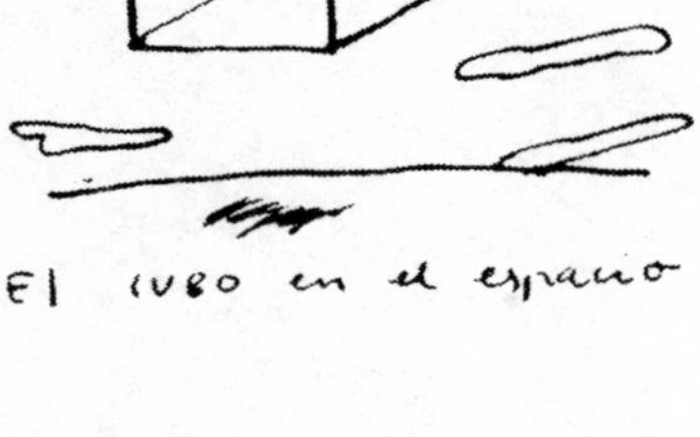

El cubo en el espacio

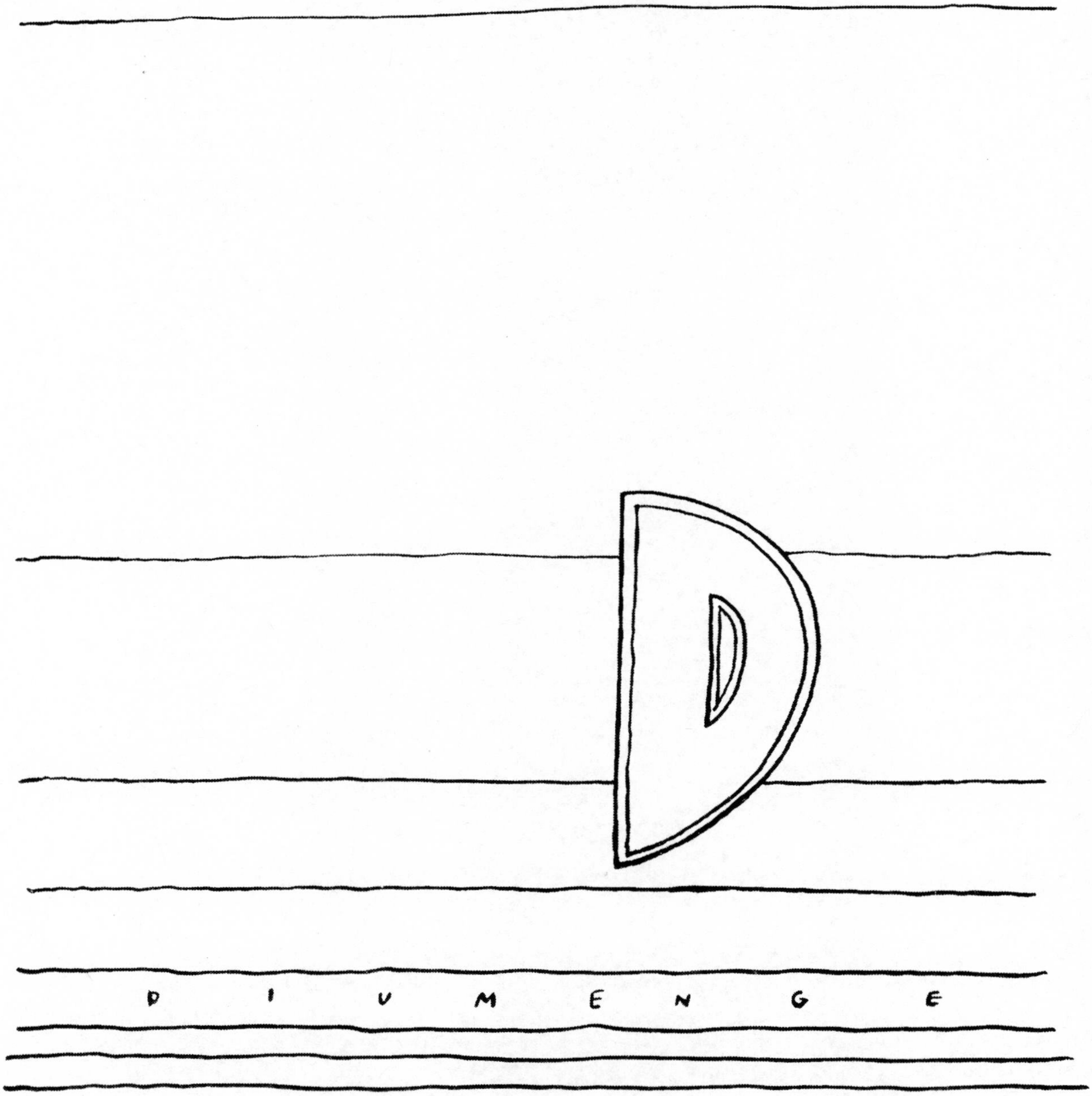
D I U M E N G E

DANSA

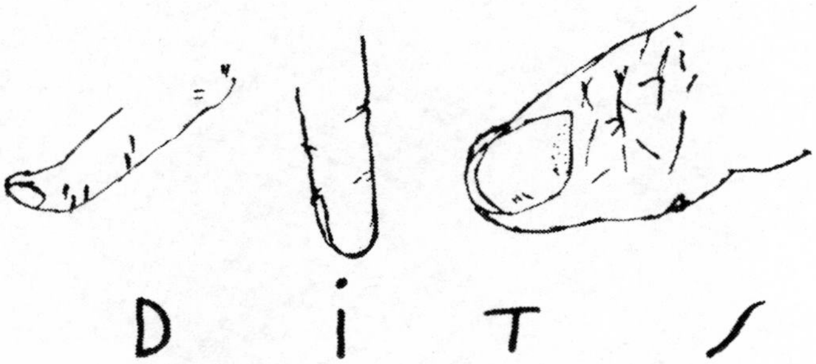
DITS

El Diluvi

Proximament

DENTIFRICOS

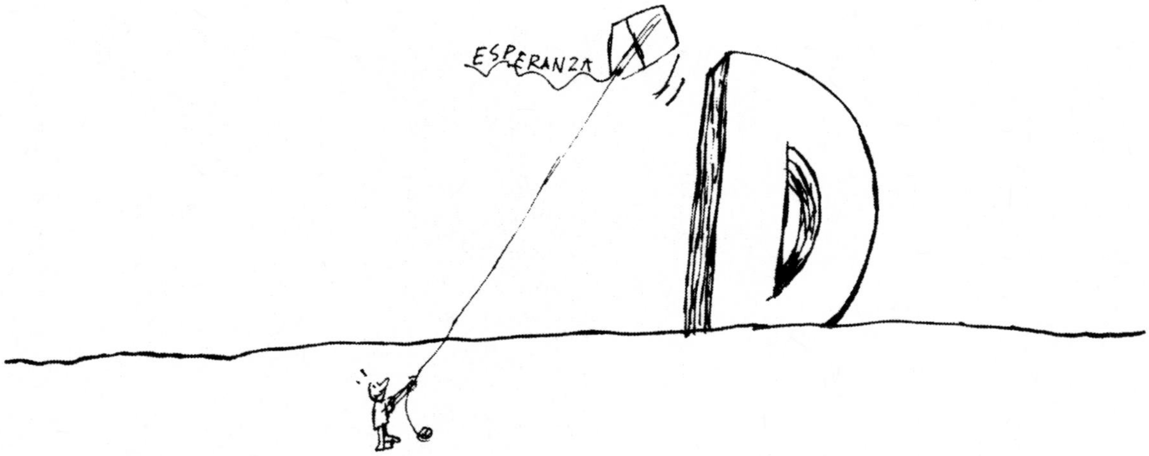
ESPERANZA

!
ESPERANZA

desidit

DRÁCULA

Ducados

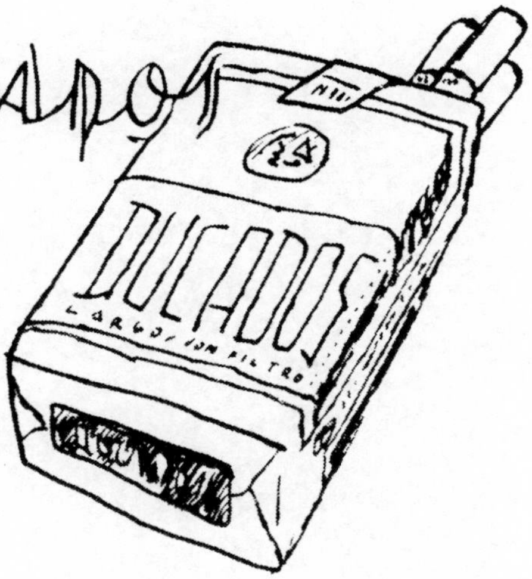

DADO

DEMASSIADO

estret

estirar

ESPABILA!

ENCHUFE

emporcar

ELEPE
Beatles

Escàndalo

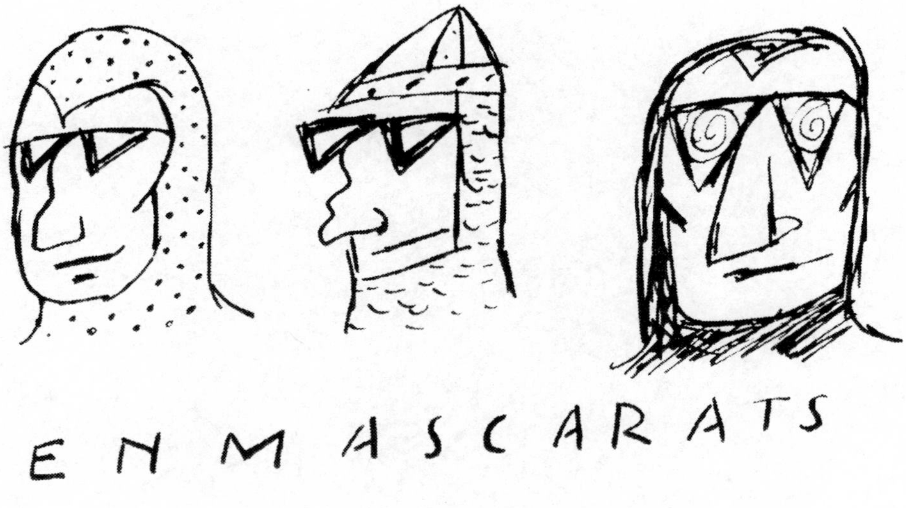
ENMASCARATS

F O R A

F O L L A R

Flipón

FRANSESA

FERA
FEROTGE

FANAL
Señorita
Fantasía

G
Guardia Civil

Guardia de Orden

Motoricón

Guardia Municipal
Policía Militar
Brigada Nocturna
Somatén
Guardia Jardín
Guarda Empresa
Gris
Brigada Antidisturbios
Guardia RENFE
POLICIA
PM

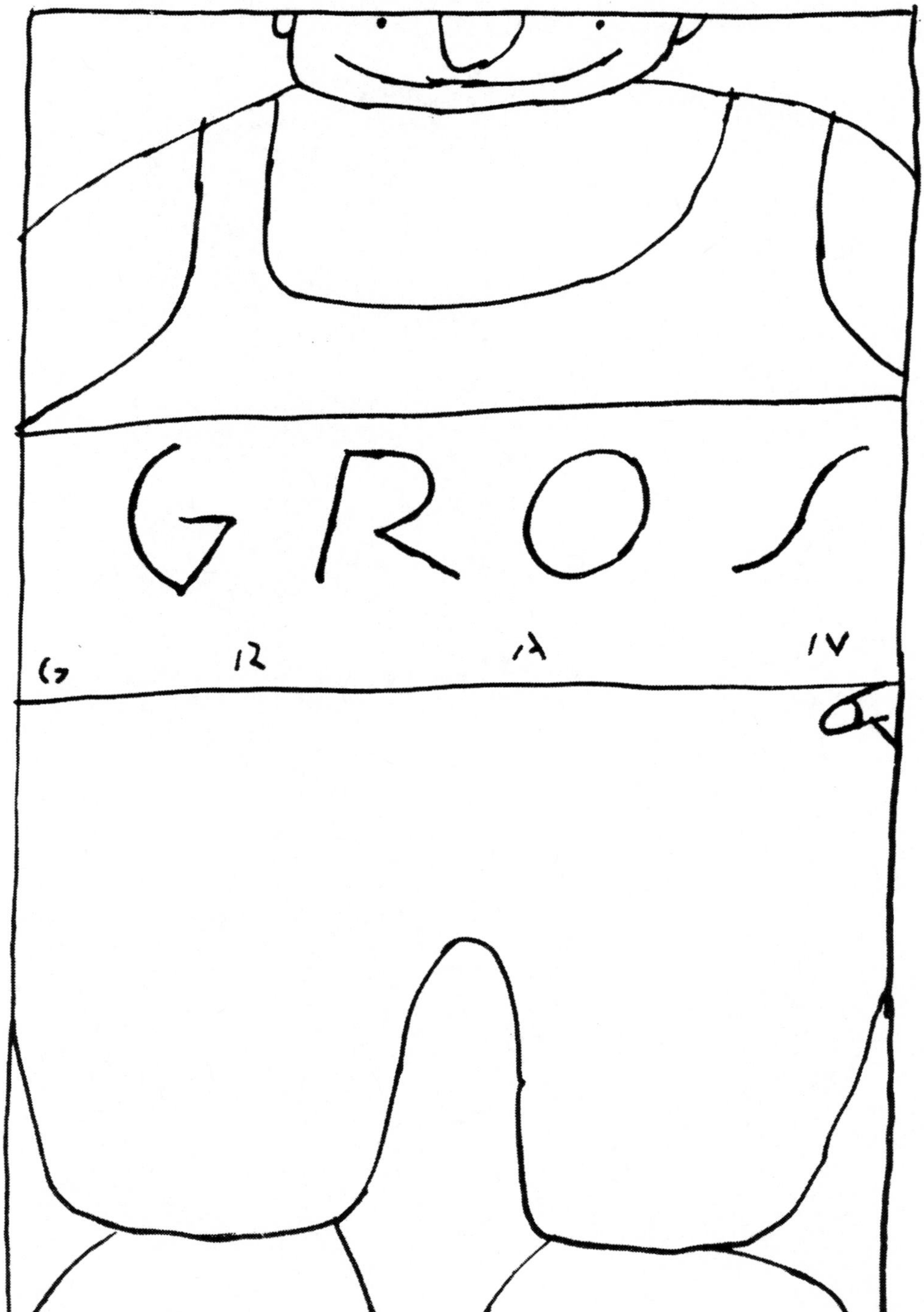
GROS
G R A N

GARRIRIS

Gasolina
90 NO / SUPER
NORMAL / GAS-OIL

GOS

Gratuit

Guardia Urbà

GEOGRAFO

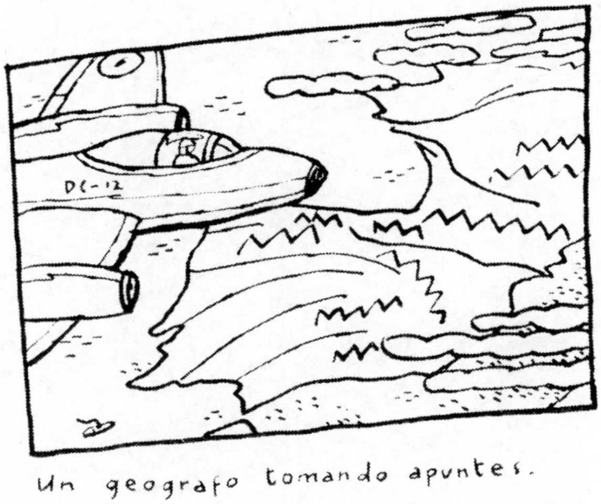

Un geografo tomando apuntes.

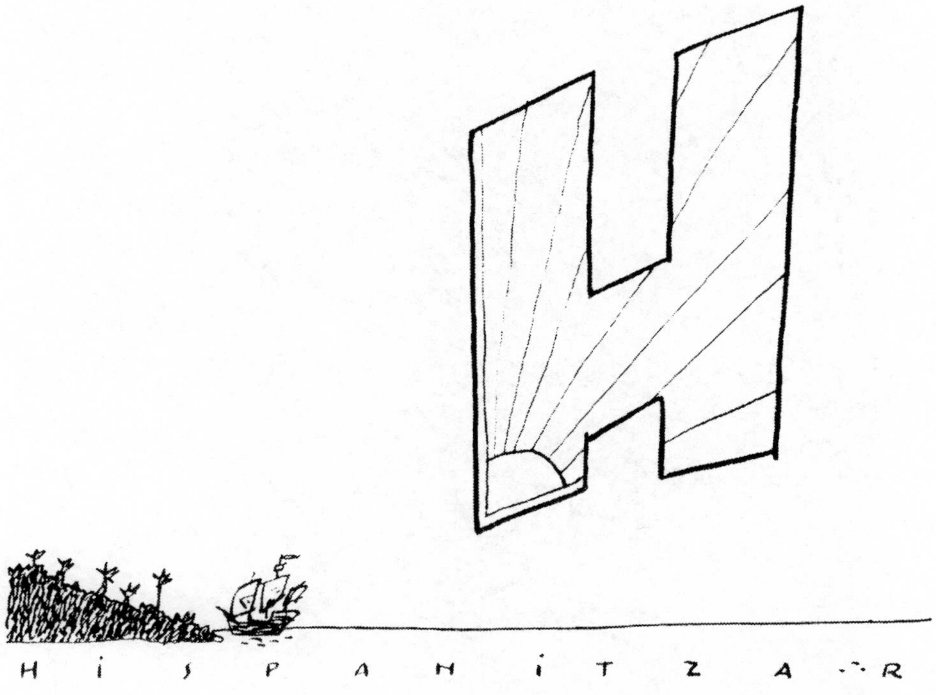
H i s p a n i t z a r

VRRRRRRRRR
Hidroavió

L'Home del
Mal Temps
EL HOMBRE
DEL
Maltiempo
Buenacara

L'HIVERN

L'HOME DEL TEMPS

HIPNOTITZ AR

Honoraple

La lletra H
es la lletra
MUDA del Abecedari

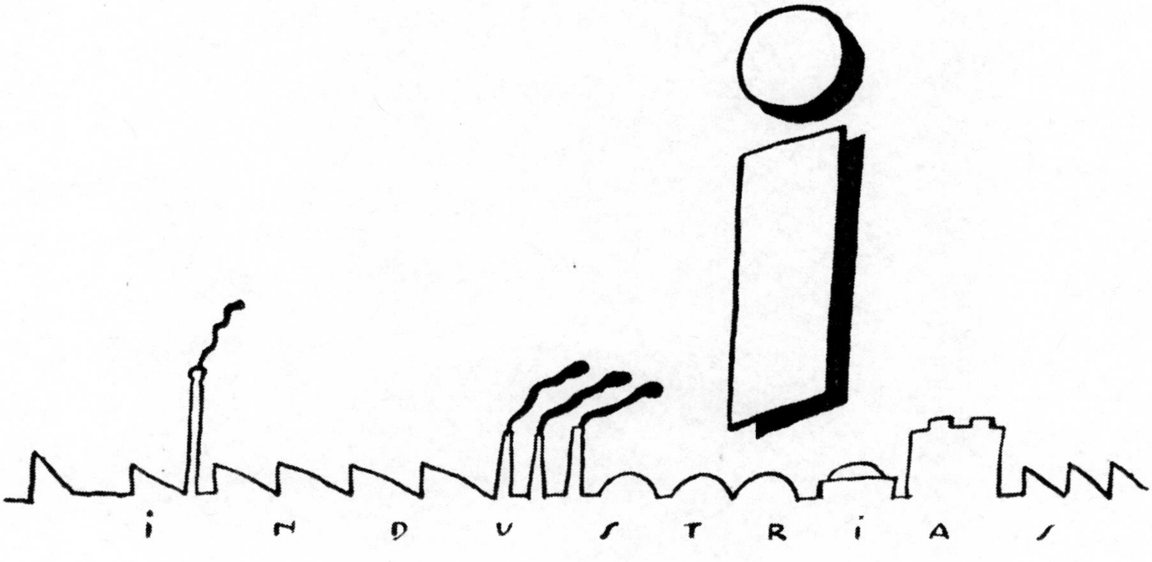
INDUSTRIAS

Al la i li agrá posarse el Biquini i la Falda tubo

La i padece de IMSOMNIO no duerme nunca

(i) la i minuscula es la más minisculas de las minis-culas.

La i es ilegal No tiene carné de identidá

IDEA
luminosa
iCEBERG
El iCEBERG Flota
una novena
parte

interruptor

inglés

La J es la letra PORNO del Abecedari

por más que se ponga pantalones siempre se le ve el CHUMINO

japonés

JIPI

jarritina
jarrita
jarra
jarreta
jarrón

K
K U L O

Kilo

Kinto

de mili

de cerveza

KIOSCO

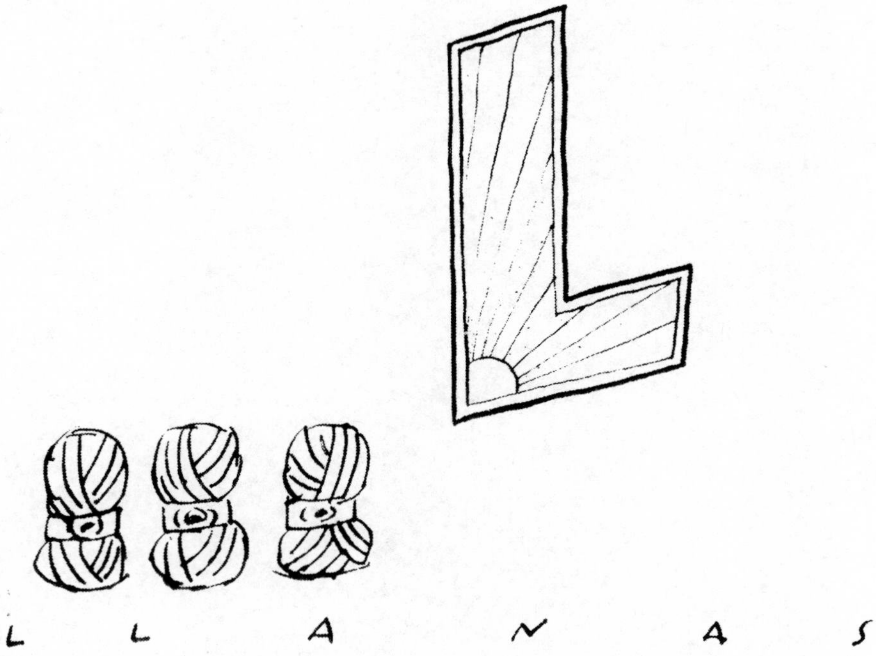
L L A N A S

LLÁGRIMA

llansaflames

LLEÓ

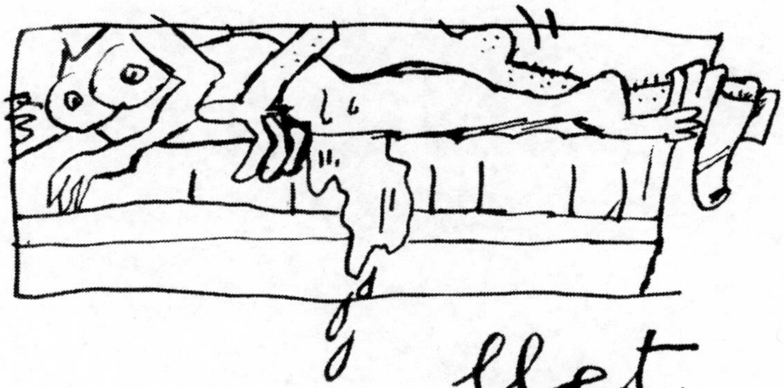

llet

lampista

Loro

llabis
la llengua
1
2
3
4
5
6
PAPILAS GUSTATIVAS
1 gusto xocolate
2 gusto i tacto
3 gustísimo
4 gusto fresa
5 muy a gusto
6 gusto primero

el
llenguatge

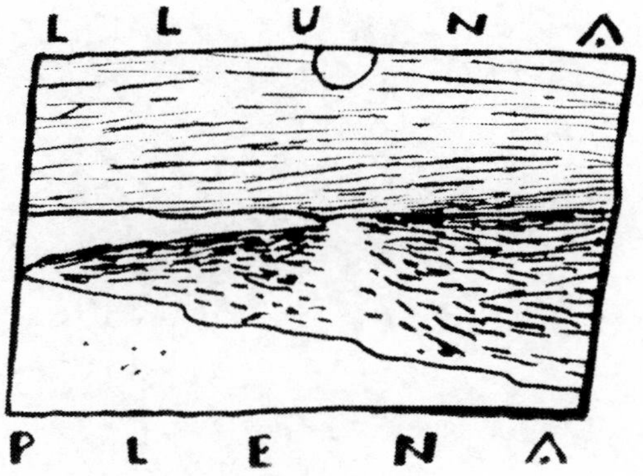
LLUNA
PLENA

La Lluna Mora

M i R A R

de vestir
de
circo
MONO

MAS PAQUÍ
MAS PALLÁ

MICALET
& Amparigües

Marsiano

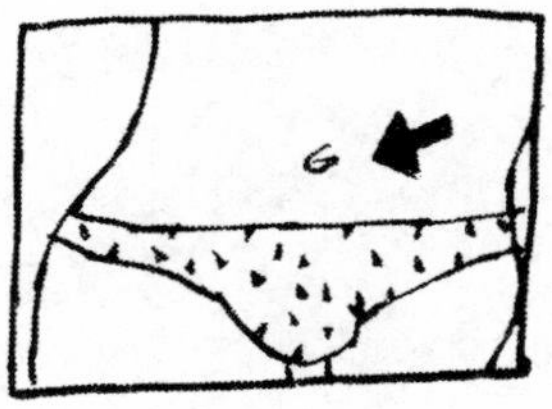

MELIC

Misteriosa

MA

LAMECA

Morros

MIOPE

MATEMATIC

Els MUNTANYES més Altes del mon
EVEREST
PUIG CAMPANA 8.888m.
MONT BLANC 7.500m.
GARBÍ
NEUS PERMAMENTS
ACONCAGUA 5.200m
SIERRA DE GREDOS
3.000-3.500m.
MONTSERRAT
FINESTRAT 120m.
el agua
la muntanyeta 45m.
Acantilat
2m.
el nivel 0m del mar

Montjuit

MICHELIN

Monjes
Modernes

Meyba

METRO

N E N

Netol trist
Netol alegre
NETOL

NAPOLEÓN

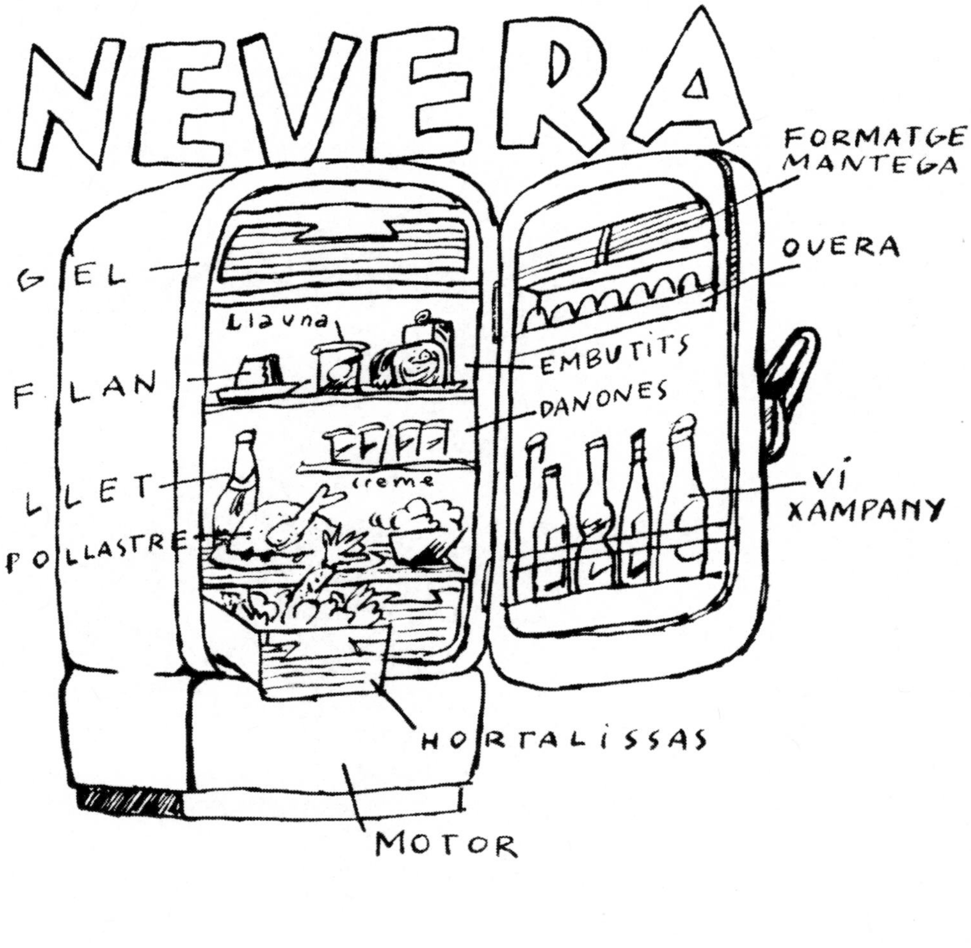
NEVERA
FORMATGE
MANTEGA
OUERA
GEL
Llauna
EMBUTITS
FLAN
DANONES
LLET
creme
VI
XAMPANY
POLLASTRE
HORTALISSAS
MOTOR

NASSOS
NASSUT
ARREMANGAT

Ningú

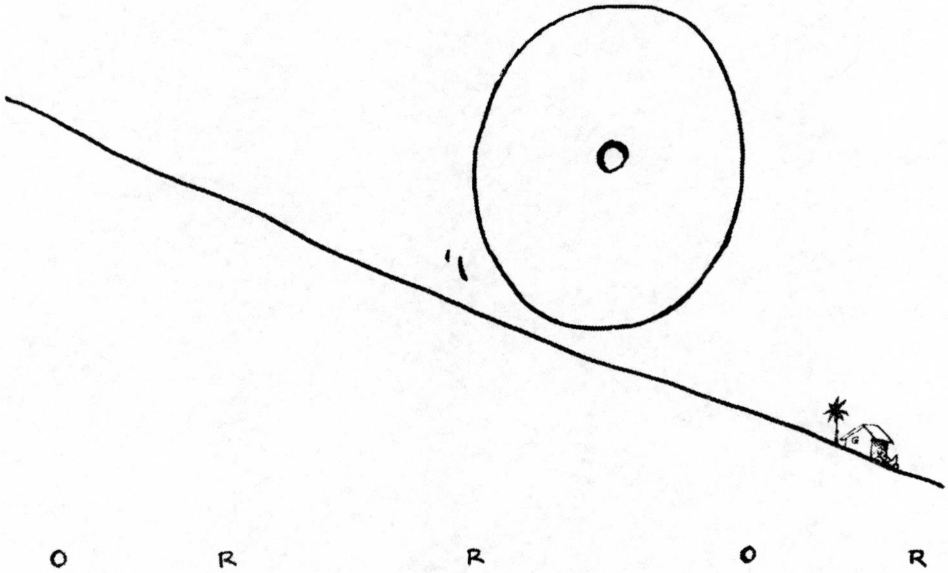
O R R O R

OBERT

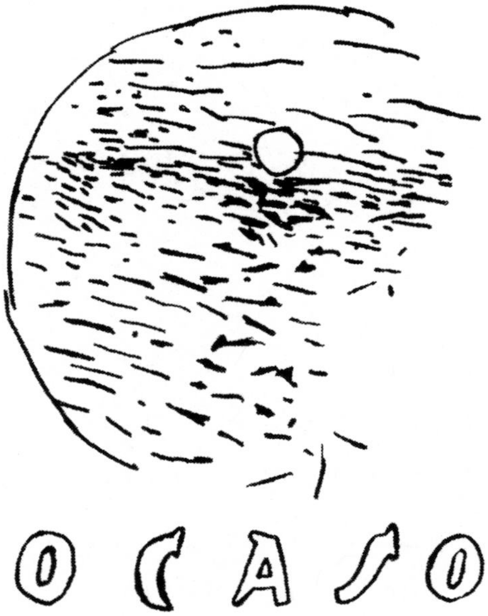
OCASO

PPFFFF F F F
OLLA
exprés

Sr. Onliyú

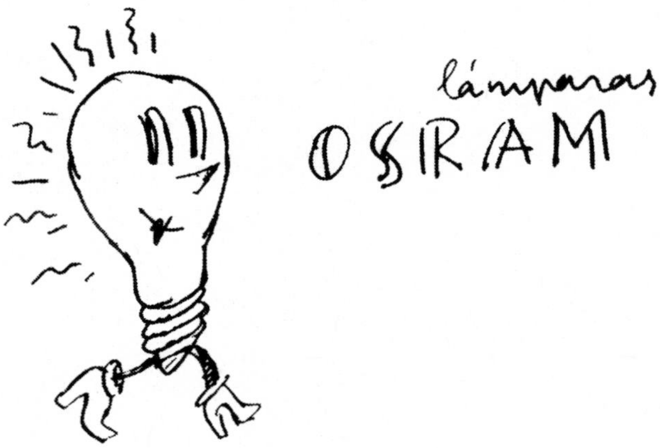
lámparas
OSRAM

OLiENTAL
ROJO

Onnubilat

Orient

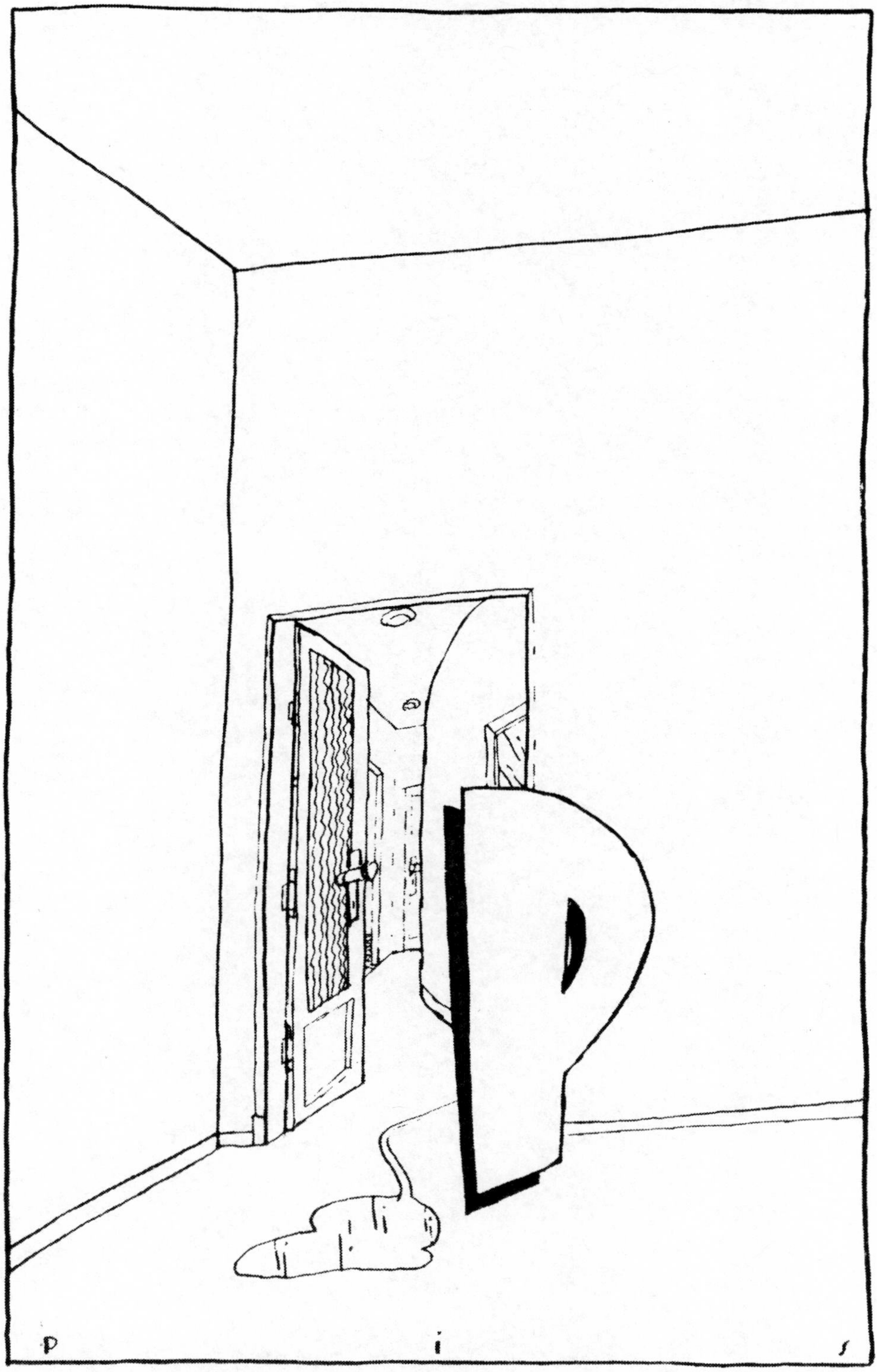
p
i
s

POLUSIO

Pitera

PATA
OTRA PATA

Pensument
PHILIS
mejores no hay!

La Perlita
PREOCUPAT

Plancha

OFICIS PERILLOSOS

PALETA de Azoteas

POBRET

GEGANT
RASTROJO
ACIPRESAT
CATALÁ
PINYONER
ABETO

PI
BAR EL PI

Palmera

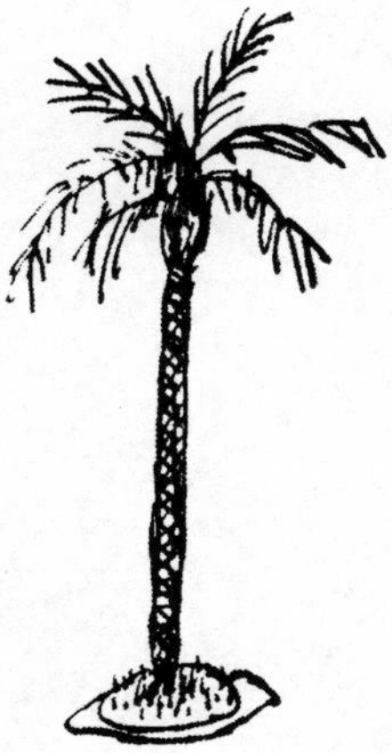

Pati interior
ABSTRACTE

Pastisets

P U B L I C I T A T

P R O H I B I C I O N S

NO FUMIN

NO PASIN

NO APARKING
AL COSTAT
DELS CAMIONS

Piramidón
Pirimaldin
ANALGESIC DE
PRIME RA.

el PUNTO

No el punto de puntuasió
u punto hortográfico

El punto de la i

, Una coma es un PUNTO peludo

Un PUNTO de puntos Elena

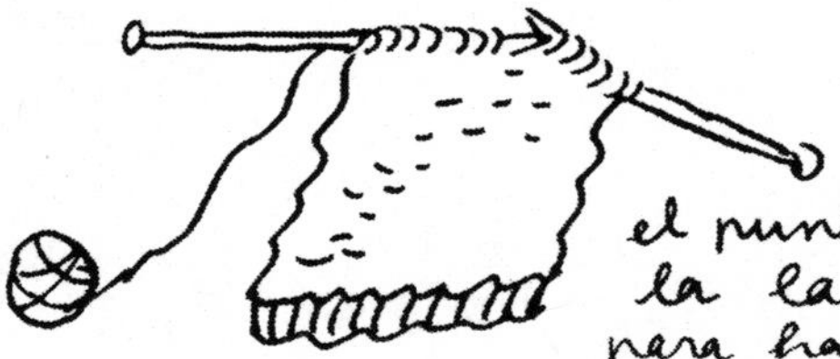

el punto de
la lana
para hacer
jerseys

un guiso
en su
punto

LAS 6 en
SU PUNTO

UN PUNTEADO

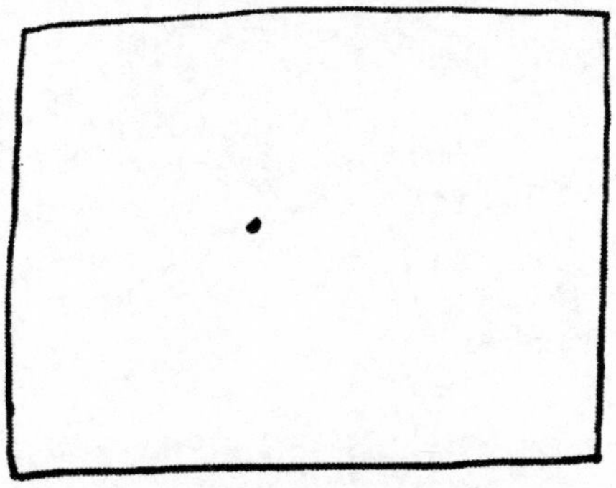

un PUNTO en el espacio

El FIRMAMENTO. muchos PUNTOS por la noche hacen el......

PRIMER PLANO
en espacio de viñeta
FORMATO

PRIMERISIMO PLANO ó GRAN PRIMER PLANO
en espacio PANTALLA
FORMATO

PARDALET

PAQUETE

Pik-Up
Altaveu
Radio
Volumen
ondas
sintonía

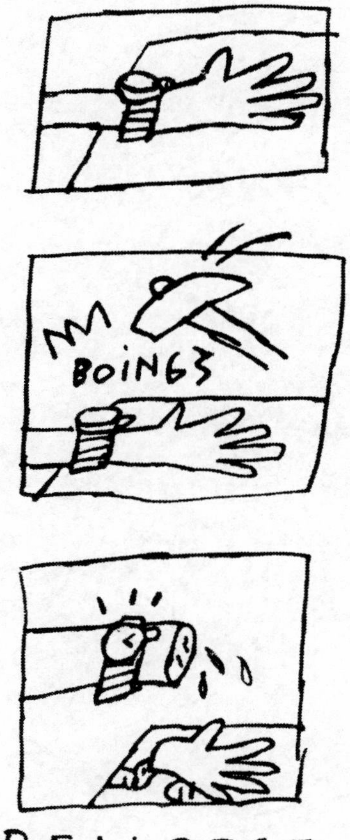

RELLOTGE
ANTIXOC

enchufe eléctrico
Detergent
Entrada D'Aigua
Programa
Roba Neta
Tambor
Surtida d'Aigua
RENTADORA
AUTOMATICA
Amb Programassiò Biodegradable i Bruta

Rabosa

Ratolín

Rascacel

FERMIIN!
ROBOT
domèsticat

S E C

SPIT
serveis
CABALLEROS
SEÑORAS
SILENCI

Sentiments

ADMIRAT
SOMRIENT
RIURE
TRISTOR
PLORAR
BERREAR
DESCONSOLAT TALLAT
AVERGONYAT COLORAO
EMOSIONAT ANAMORAT

Secador

Sigiloso

Somriures

SILUETA

SALUDAR
1
2
3
4
5

6
7
8
FIM

SIGNES
GRAFICS

SOCIAL

Standart

SPRAY

1
2
3
4
Striptis
8
9

5
6
7
a la cuina (10)
10
FIN

t e r r a

TANCAT

Torero

tirao

TANQUE

TREN

treNet

TRENFECARRIL

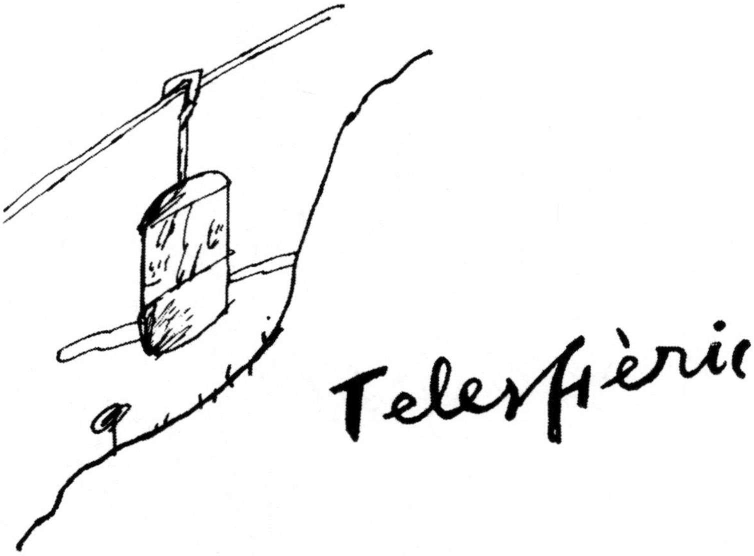
Telesfèric

Telesilla

Tresillo

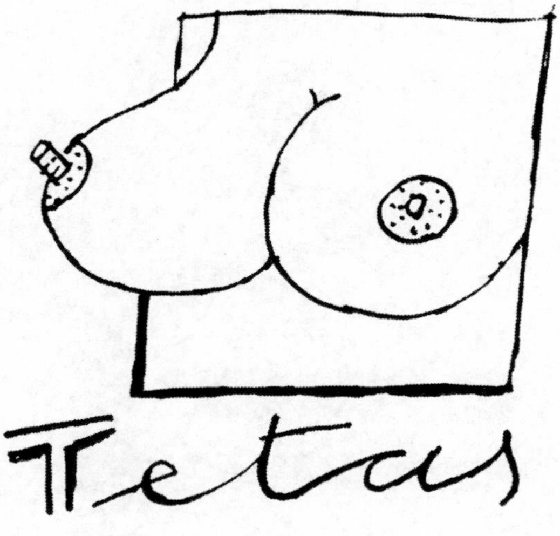
Tetas

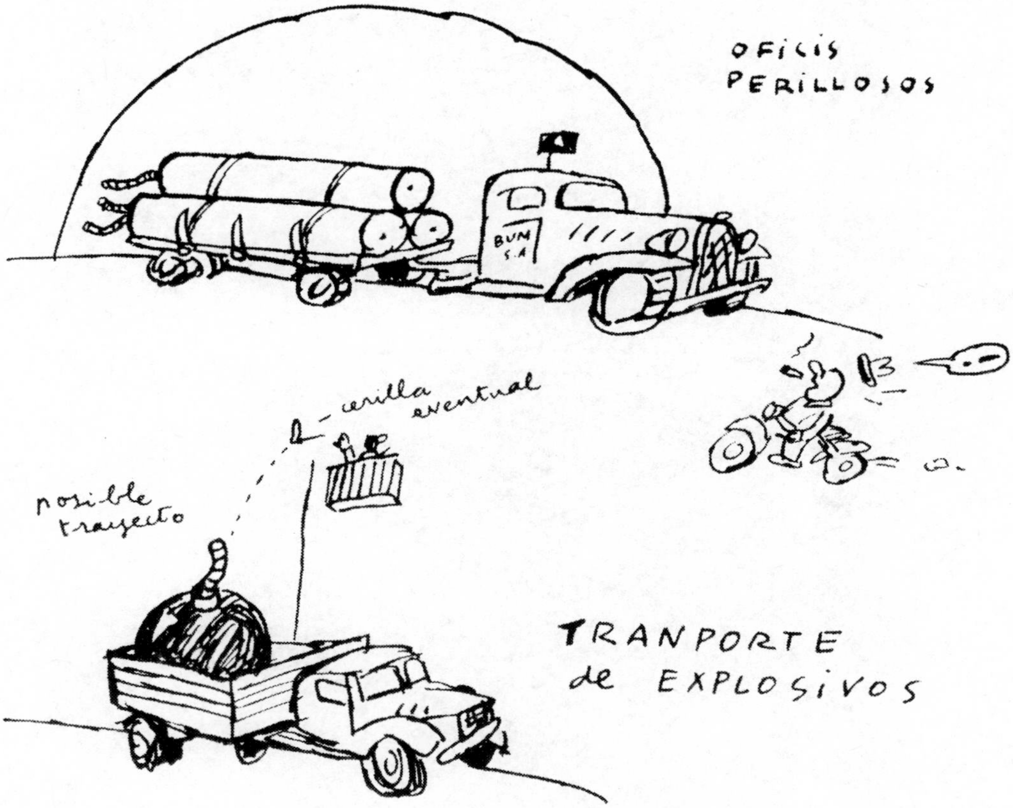
OFICIS
PERILLOSOS
BUM
S.A
cerilla eventual
posible trayecto
TRANPORTE
de EXPLOSIVOS

Twist

TELEVISION

TRAFICO
tornant a casa a l'hora punta

Turmix

Volteo
Volquete
Volcón
Revolcón
VOLCAR

Vespa
V-201
Vespino

VO L AR

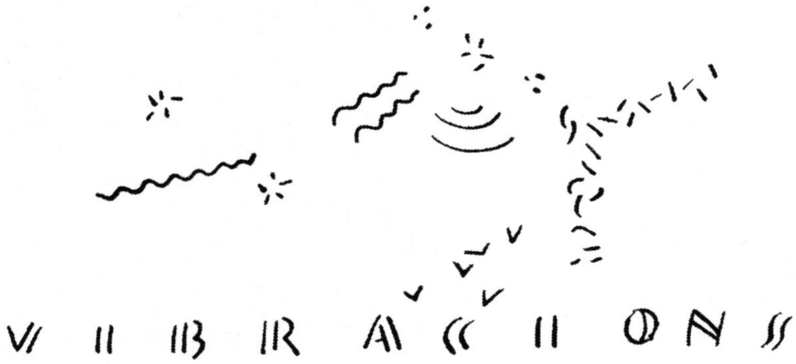
VIBRACIONS

Vidrio

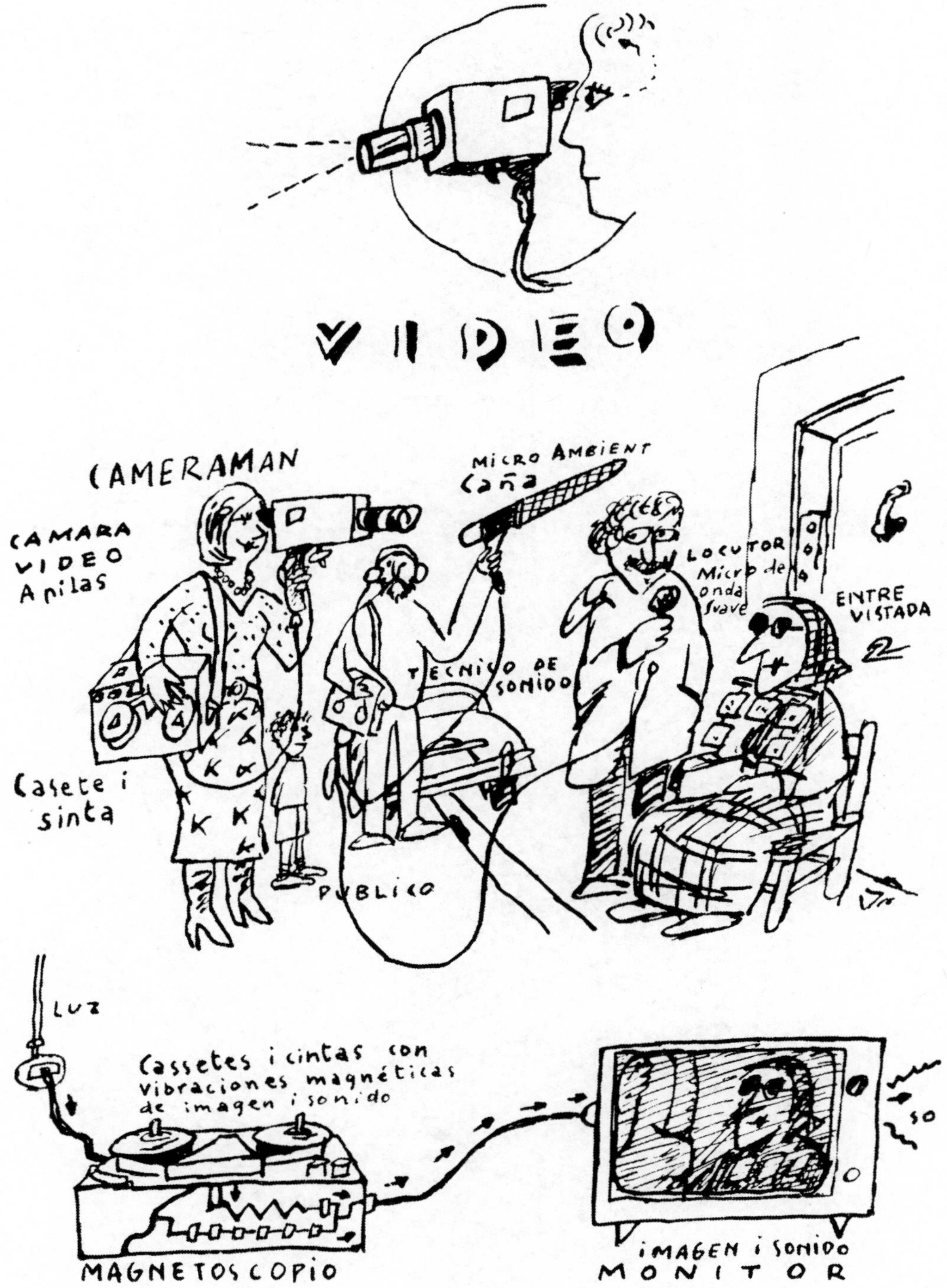
VIDEO
CAMERAMAN
CAMARA VIDEO A pilas
MICRO AMBIENT
Caña
LOCUTOR
Micro de onda suave
ENTRE VISTADA
TECNICO DE SONIDO
Casete i sinta
PUBLICO
LUZ
Cassetes i cintas con vibraciones magnéticas de imagen i sonido
SO
MAGNETOSCOPIO
IMAGEN i SONIDO
MONITOR

VIATGE
ASTRAL

VI
viciós

ME E E
VACA qui Riu
VIZCA
Escote
Pinza
Sisa
Cintura
Vuelo
VESTIT
Estampat
Plisado

W
WATIOS

Wolsvagen

WATUSSI

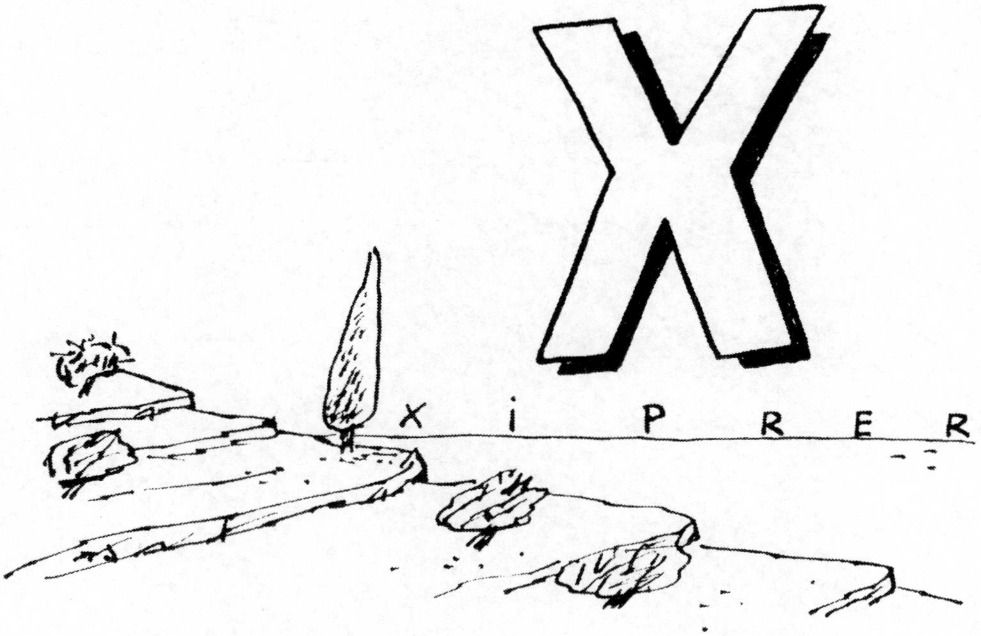
X
X i P R E R

Doctor X

XIMPLES

Xumbera

una FIGA
Xumba

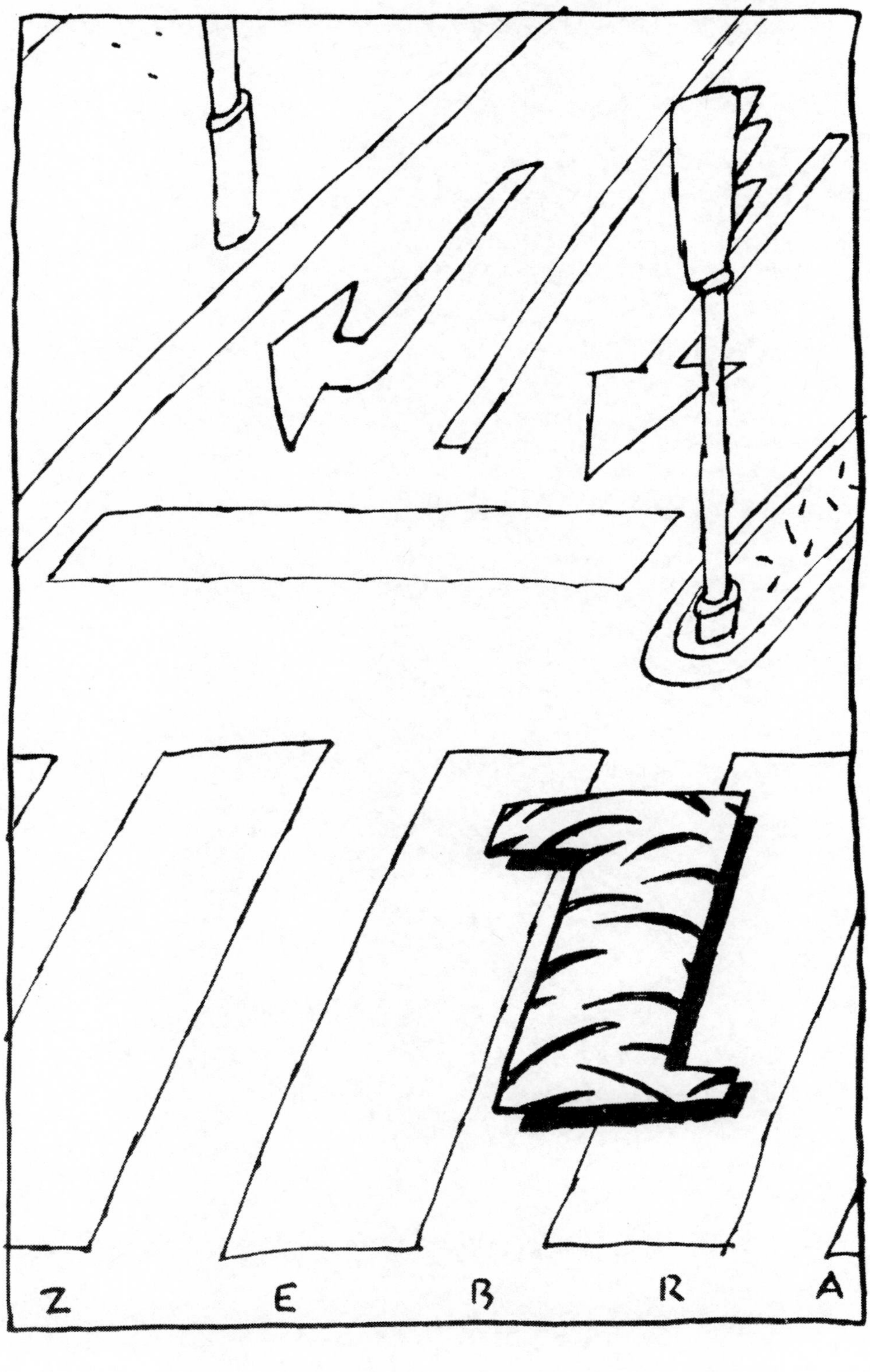
Z E B R A

zurdo

ziego

Z e l

ABCDari
il·lustrat